キャリア教育に活きる！

センパイに
聞く

仕事ファイル

2

メディアの仕事

映像クリエーター
YouTubeクリエーター
アナウンサー
広告ディレクター
編集者
グラフィックデザイナー

② メディアの仕事

Contents

File No.7
映像クリエーター …………… 04
えいぞう
石舘波子さん／スタジオコロリド
いしだてなみこ

File No.8
YouTubeクリエーター 10
ユーチューブ
Daichiさん
ダイチ

File No.9
アナウンサー …………… 16
宇垣美里さん／TBS
うがきみさと　　ティービーエス

File No.10
広告ディレクター …………… 22
福嶋亜侑華さん／リクルートコミュニケーションズ
ふくしまあゆか

キャリア教育に活きる! 仕事ファイル

File No.11
編集者 ……………………… 28
小嶋英俊さん／小峰書店

File No.12
グラフィックデザイナー …… 34
加納大輔さん／SOUP DESIGN

仕事のつながりがわかる
メディアの仕事 関連マップ ……………………… 40

これからのキャリア教育に必要な視点 2
インターネット時代の表現力 ……………………… 42

さくいん ……………………… 44

※この本に掲載している情報は、2017年4月現在のものです。

File No.7

映像クリエーター
Visual Creator

スタジオコロリド
石舘波子さん
入社3年目 26歳

上の写真のポスターは、女性スタッフが生き生きと働く姿をアニメーションで描いたマクドナルドのCMのものです。このCMをつくったのが、スタジオコロリドの映像クリエーター、石舘波子さんです。どんな仕事をしているのか、お話をうかがいました。

「これがわたしの作品です！」と言えるような映像をつくりたい

Q 映像クリエーターとはどんな仕事ですか?

映画やテレビ番組、CMなどの映像をつくる仕事です。

わたしたちの会社はおもにアニメーションの映像をつくっています。わたしはキャラクターの姿形を考える「キャラクターデザイン」や、アニメーションを動かすために必要な1枚1枚の絵を描く「作画」を担当しています。

わたしが担当したマクドナルドのCMを例に出すと、最初に「アルバイト募集」をテーマにすることと、物語のあるアニメーションで表現するという方針が決められました。次にわたしがキャラクターをデザインしました。マクドナルドで働く人がたくさん登場するCMなのですが、制服や髪型などがきちんと決められているので、それぞれの人をどう描きわけ、魅力的なキャラクターをつくるのかで苦労しましたね。

同時に別のスタッフがCMの絵コンテ※を描いて、どんな場面でどのキャラクターがどう動くかを決めていきます。絵コンテをもとに、作画スタッフたちが1枚1枚絵を描いていくんです。このCMでわたしは作画監督も担当していたので、作画スタッフから上がってきた何百枚もの絵を、すべてチェックしました。

絵はすべてパソコンで描いていく。CLIP STUDIOというソフトを使って、絵の下描きから色づけまで行っている。

Q どんなところがやりがいなのですか?

自分が描いた絵が認められて、CMのような多くの人が目にする映像作品になるというのは、それだけで「人生が終わってもいい!」と思えるぐらいに幸せです。

それに、マクドナルドのように有名な企業の仕事をさせてもらえることもやりがいになります。

以前は「映像クリエーターです」と名乗っても、どんな仕事か伝わらないことが多かったのですが、マクドナルドのCMのあとは、「あのCMをつくったんです」と言うと、すぐにわかってもらえるようになりました。

Q 仕事をする上で、大事にしていることは何ですか?

いい刺激をもらえるので、ほかのクリエーターやアーティストの作品を観るようにしています。

仕事が早く終わったときや、休みの日には、絵の展覧会や映画を観に行きます。映画は、話題作はもちろんですが、映像クリエーターがつくる芸術的なインディペンデント(自主制作)・アニメーションもよく観ます。

活躍している映像クリエーターは、みんな映画をよく観ています。映像をつくるときのヒントがたくさんあるんです。わたしは今まで、それほど多くの映画を観てこなかったので、今はできるだけ観るようにしています。

石舘さんの1日

- 12:00 出社。朝食兼昼食をとりながら、パソコンで絵を描きはじめる
- 14:00 社内で打ち合わせ。つくっている映像のチームごとに進み具合を確認
- 16:00 ふたたびパソコンで絵を描く
- 22:00 退社。夕食はいつも家で食べる

用語 ※絵コンテ⇒場面ごとの登場人物の動きやセリフなどをコママンガのように描いたもの。アニメーションの設計図と言える。

どんな作品にするかを話しあう石舘さん。「打ち合わせがとても大切。関わる人たちの意思が統一されていないと、よい作品はできません」。写真はマクドナルドのCMのキャラクターを説明した資料。

Q なぜこの仕事をめざしたのですか？

　大学生のときの就職活動で、自分の性格や、向いている仕事を知るための「自己分析シート」を書いたんです。シートにある質問に答えていくと自分に合った仕事がわかるのですが、何度やっても「あなたは、アニメーター（アニメーションの絵を描く人）に向いています」という判定が出るんです。わたしは子どものときから画家やイラストレーターにあこがれていましたが、アニメーターという映像をつくる仕事は考えたこともなかったのでびっくりしました。そのときから、映像をつくる仕事を意識するようになりましたね。

• ペンタブレット •

PICKUP ITEM

仕事で使っているペンタブレット。画面上に専用のペンで絵を描いていく。紙にペンで描くのと同じような感覚で、描くことができる。

Q 今までにどんな仕事をしましたか？

　美術大学を卒業して最初に入ったのは、アニメ制作会社でした。そこで2年近くテレビアニメをつくっていましたが、短い時間の中で観る人にインパクトをあたえる、さまざまな表現を使うCMの仕事がしたいと思うようになりました。そんなときにCMの制作をしているスタジオコロリドの社員募集を知って応募したのです。

　スタジオコロリドのアニメーションの制作では、1枚1枚の絵をすべてパソコン上で、ペンタブレットを使って描きます。これはアニメ制作ではめずらしいことなのですが、わたしは中学生のころからペンタブレットを使っていたので、とまどいはありませんでした。入社してしばらくは、映画やテレビなど、さまざまな作品にたずさわって、2年目に念願のCMの仕事を受けもつことができました。

Q 仕事をする上で、むずかしいと感じる部分はどこですか？

　人間関係がむずかしいと感じることがあります。わたしは絵を描くことは大好きなので、ストレスを感じません。でも、仕事上の人間関係がうまくいっていないと、絵によくない影響が出てしまいます。

　映像の制作を依頼してくれる広告主の人たちや、広告代理店の人たち、上司や同僚、いろいろな立場の人たちが関わってひとつの映像はつくられています。

　考え方がちがう人や、相性がよくない人も中にはいます。それでも、いっしょに仕事をしていきたいと思える人間関係をどうやって築いていくか。これが、むずかしいけれど、とても大事だと思います。これは映像クリエーターだけでなく、すべての仕事において言えることですね。

Q ふだんの生活で気をつけていることはありますか？

　体調にはいつも注意しています。からだの声に耳をかたむけて、少しでも疲れたと思ったら、すぐにからだを休ませます。そうしないと、疲れがたまって、なかなか回復しなくなってしまうからです。

　それから生活のリズムが乱れると、夜によく眠れなくなってしまうので、規則正しく生活するようにしています。

　画力も大切ですが、体力はもっと大事。からだは資本なんですよね、本当に！

Q これからどんな仕事をしていきたいですか？

　これまで「こういう絵を描いてください」という注文を受けて仕事をしてきましたが、最近は、自分が「描きたい！」と感じるものを描いていきたいと思うようになりました。作家が自分の作品に臨むような気持ちで、自分だけの表現をもっと大事にして、「これがわたしの作品です」と言えるような仕事をしてみたいです。

　ふつう、アニメ制作の現場は完全に分業制ですが、その全部の作業をひとりでできるくらいの技術を身につけて、自分の力で現場をコントロールできるようになりたいです。

　たぶん、映像クリエーターならだれもが自分ひとりで全部をやってみたいと夢見ているけれど、現実にはなかなかむずかしいです。でも、そんな目標をもって努力しています。

集中して仕事ができるように、仕事場のいすには姿勢を正しくするクッションとひざかけが置いてある。

席は、ついたてで仕切られている。「集中しやすくて、休憩するときはリラックスしやすいですよ」と石舘さん。

映像クリエーターになるには……

　映像クリエーターをめざす人の多くは、美術系の大学や専門学校で学んだあと、映像制作会社やテレビ局に就職することになります。とくに必要な資格はありませんが、パソコンや専門ソフトの知識は必要です。

　最近は、自分がつくった映像をインターネットの動画サイトで公開して人気を集め、仕事を得るケースもあります。いずれにしても、センスと実力が必要な世界です。

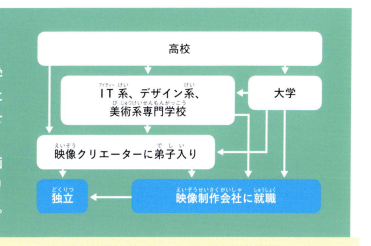

※ この本では、大学に短期大学もふくめています。

Q 映像クリエーターには、どんな人が向いていますか？

口よりもまず手を動かすような人が向いています。

本気で「映像クリエーターになりたい」と思っている人はどんどん作品をつくっています。「つくっていないと生きていけない」くらいの気持ちがあった方がいいです。練習より大切なものはありません。

絵は、中学生から描きはじめれば全然おそくないと思います。めんどうくさがらずに毎日毎日ペンダコをつぶすくらい、絵を描いてください。そしてそれを楽しめるかどうかが、いちばん大切なことだと思います。

また、人柄がよい、ということも大切な資質です。天才的に絵がうまかったとしても、性格のよくない人はあまり活躍できません。映像制作の現場は集団での共同作業ですから、まわりの人と力を合わせてやっていかないと、よい作品ができないんですよね。

中学2年生のとき家族旅行に出かけた石舘さん（左）。このころすでに絵をたくさん描いていた。

Q どんな子ども時代を過ごしましたか？

物心がついたときから、ずっと絵ばかり描いていましたね。そのころは、友だちもみんなそんなふうに絵を描いているものだと思っていたんです。でも中学1年生のときに、ほかの人はそれほど絵を描いていないことを知って、すごくショックを受けました。中学校には美術部のほかにイラスト・マンガ部があって、わたしは友だちといっしょにイラスト・マンガ部に入りました。もし美術部に入っていたら、今とはちがう道を選んでいたかもしれませんね。

そのころ使っていたイラスト用のマーカーはけっこう高くて、朝から晩まで絵を描いていたら、すごくお金がかかってしまいました。それで、パソコンで絵を描けばマーカー代がかからなくなると思い、親に「すみません、ペンタブレットを買ってください」とお願いして、クリスマスに買ってもらいました。早くからパソコンを使っていたことが、今この仕事に活きているので、とても運がよかったと思います。

石舘さんの夢ルート

小学校 ▶ 画家→イラストレーター
毎日、絵を描いていて、おとなになったら絵を描く仕事をしたいと思っていた。

▼

中学校 ▶ イラストレーター　グラフィックデザイナー
イラスト・マンガ部に入る。3年生のとき、パソコンとペンタブレットを使って絵を描くようになる。

▼

高校 ▶ イラストレーター　グラフィックデザイナー
美術大学をめざして予備校に通う。

▼

大学 ▶ 映像クリエーター
就職活動のときの自己分析シートがきっかけで、映像クリエーターをめざすことに。

石舘さんが絵を描いた中学1年生のときの先輩の卒業文集（左）と、中学3年生のときの学園祭のパンフレット（右）。

Q 中学校ではどんなキャリア教育が行われていましたか？

キャリア教育のプログラムはいろいろありましたが、じつはあまり覚えていないんです。子どものころから、将来はイラストレーターやデザイナーなどの方向に進むと決めていて、ほかの職業に興味がなかったからかもしれません。

ただ、料理人の方がわたしたちの中学校に来て、話をしてくれたことは覚えています。仕事のようすや心得を話してくれたのですが、その方が、自分でつくったレシピに絵をそえていて、わたしに見せてくれたんです。絵に関することだったからか、そのことが不思議と印象に残っています。

Q 働くことについて、どんな印象をもっていましたか？

わたしも早くおとなになって、働きたいと思っていました。まわりに仕事の好きなおとなが多かったからですね。父はサラリーマン、母は看護師で、ふたりとも仕事が趣味かと思うほどよく働いていました。

わたしも就職してわかったのですが、働くことはけっして簡単なことではありません。でも、好きな絵を描くことを仕事にしているので、不安はありません。よい仕事をしつづけるために、これからも絵のこと、映像のことについて学びつづけていくつもりです。

Q この仕事をめざすなら、今、何をすべきですか？

映像に関わる仕事をしたいなら、とにかく映画を観てください。アニメだけじゃなく実写でも、名作とよばれる作品を観て、いろいろなものを吸収してほしいです。

あと、美術館に行きましょう。多くの美術館は、中学生は無料で入れるんですよ。わたしも中学のときには、たくさんの絵を観に行きました。それに、本もたくさん読んでほしい。

おとなになっても映画や絵を観たり、本を読んだりできますが、中学生のときに感じとるものと、おとなになってから感じとるものは全然ちがうと思うんです。中学生のときに受けた影響は一生の財産になります。ぜひ時間をかけて、いろいろな作品に出会ってほしいと思います。

毎日夕っをつぶすくらい絵を描いてください

中学生の今できること

ふだんの暮らし

クラスメートの会話や何げないしぐさ、表情を観察してください。映像クリエーターには観察力が必要です。観察力が高い人は、アニメでも実写でも、リアリティーのある映像をつくることができます。

映像は、たいてい大勢の人との共同作業でつくられます。学校行事や部活動などには積極的に参加して、チームワークを経験しておくとよいでしょう。

また、体力も必要な仕事なので、できればスポーツをして基礎体力を高めるようにしてください。

 国語
映像にはストーリーがあります。多くの文学作品にふれ、ストーリーの展開や、感情の表現方法に注目してみましょう。参考になる作品がたくさんあるはずです。

 音楽
映像に効果音や音楽はつきものです。いろいろな音楽を聴いて、音楽の表現力をたくわえておきましょう。

 美術
絵画のほか、彫刻、工芸なども鑑賞して、さまざまな表現手法を勉強しておきましょう。そこで受けた影響が、将来の映像作品にも現れてくるでしょう。

 英語
映像作品をつくるとき、海外の映画やテレビドラマはとても参考になります。英語を習得すれば、字幕のない映画を観ることができるようになります。

File No.8

YouTube クリエーター
YouTube Creator

Daichiさん
26歳

自分の演奏で
観る人を喜ばせるのが
最高に楽しいんです

自分で動画をつくり、YouTubeで公開する。それがYouTubeクリエーターです。チャンネル登録者数が100万人に迫る大人気YouTubeクリエーターで、ヒューマンビートボクサー※のDaichiさんにお話をうかがいました。

Q YouTubeクリエーターとはどんな仕事ですか？

　自分でつくった動画をYouTubeに投稿すれば、だれでもYouTubeクリエーターです。では、どうやって収入を得るかを説明しましょう。動画には広告が表示されたり、短いCMが入ったりします。動画をつくり、多くの人が観てくれると、その人数に応じて広告料が支払われ、収入を得るという仕組みなんです。

　動画制作は、本格的な撮影機材を使ってやる人も、スマートフォン1台の人もいます。おもしろい映像をつくることができれば、何でもいいんです。ぼくは一眼レフのカメラで映像を撮影し、ノートパソコンで編集しています。

　YouTubeクリエーターのほとんどは、学生や、仕事を別にもって趣味でやっている人です。YouTubeからの収入だけで生活していける人は、まだごくわずかかもしれません。

　ぼくは、口でさまざまな楽器を再現するヒューマンビートボックスという音楽をやっています。ヒット曲をヒューマンビートボックスで演奏した動画や、ほかのミュージシャンと共演した動画などをYouTubeに投稿しています。約100万人がぼくのチャンネルを登録してくれていて、およそ2600万回視聴された動画もあります。

Q どんなところがやりがいなのですか？

　YouTubeはとにかく自由だということです。法律に違反しない限りは、どんな表現をすることも可能です。

　YouTubeには、まだ有名じゃなくても、自由な発想でおもしろい音楽をつくって投稿している人がたくさんいます。そういう人たちが自由に表現できる場がYouTubeなんです。

　そしてそこからチャンスをつかみ、レコード会社と契約し、CDデビューする人もいます。ぼくもYouTubeで知られるようになってから、テレビ出演などのチャンスが増えました。

　また、YouTubeに動画を投稿すると、世界中の人に動画を観てもらえて、すぐに動画にコメントがつくんです。表現者にとって、その反響の速さと広がり方はすごく魅力です。視聴回数とコメントがどんどん増えていくとうれしいですよ。評価されることも、批判されることも自分次第。そういう場所で表現していくことが、やりがいになるんです。

Final Cut Proというプロ用の映像制作ソフトで動画を編集。映像と音声を合わせ、音を重ねたり、映像をつなぎあわせたりする。

一眼レフのカメラで映像を撮影する。映像と音声は別々に収録し、パソコンで編集する。撮影も編集も、基本的に家でひとりで行う。

📍 Daichiさんの1日

- **10:00** ニュース番組やニュースアプリで流行や社会問題をチェックしつつ、次の動画のアイデアを考える
  ▼
- **13:30** ランチ
  ▼
- **15:00** 午後になると、のどの調子がよくなるので、音声のレコーディングを行う
  ▼
- **20:30** 音声のレコーディングが終わったら動画の撮影や編集。夜中まで作業が続くこともある

用語 ※ヒューマンビートボクサー⇒口で、さまざまな楽器の音色を再現するヒューマンビートボックスを演奏する人のこと。Daichiさんは50種類以上の音色で、リズムとメロディを同時にかなでることができる。

Q 仕事をする上で、大事にしていることは何ですか？

いちばん大事なのは、表現したいことがある、ということだと思います。

今YouTubeクリエーターは、中学生にとってあこがれの仕事になっていますね。ぼくも「YouTubeクリエーターってどうやってなるんですか？」と聞かれることがあります。

そのために、まずはYouTubeを使って、何を表現したいかを考えることが大事です。ぼくにとってそれはヒューマンビートボックスです。だれでも動画を投稿することはできます。でも、何かを表現し、だれかを楽しませようと思ったら、アイデアをひねらなければいけないし、練習もしないといけないと思います。

はじめてYouTubeに投稿したこの動画は2600万回視聴され、世界中で話題になった。

Daichiさんの動画。ゲーム『スプラトゥーン2』のテーマソングを、全パートひとりで演奏している。

Q なぜこの仕事をめざしたのですか？

最初にYouTubeに動画を投稿したのは、18歳のときでした。

小学5年生のときにテレビ番組の『ハモネプリーグ』というアカペラのコンテストのコーナーで、ヒューマンビートボックスを観て衝撃を受け、自己流で練習を始めました。中学生になると、もう完全に夢はプロのヒューマンビートボクサーでしたね。

高校3年生のときに、オーディションに合格して、ぼくも『ハモネプリーグ』に出演を果たしました。注目を浴びて、ぼくのヒューマンビートボックスがまわりの人たちに認められるようになりました。そして、高校を卒業した4月、YouTube上で行われたヒューマンビートボックスの世界大会にぼくも参加しました。そこで、はじめてYouTubeへ動画を投稿したんです。入賞はできなかったのですが、全世界の人が観てくれて、コメントが殺到しました。このときに、自分の音楽と、YouTubeの可能性を確信できたんです。

Q 今までにどんな仕事をしましたか？

21歳のときに、YouTubeクリエーターとしてもヒューマンビートボクサーとしても壁にぶつかっていると感じ、ニューヨークにわたり、路上で演奏してお金をかせいでいました。実力がなければ相手にされない世界での武者修業ですね。

そして22歳のとき、ニューヨークのアポロシアターのコンテスト※で勝ちあがり、ついに年間3位という成績を収めたんです。それで多くの音楽関係者の目にとまり、サマーソニックへの出演、Boyz Ⅱ Menのライブのオープニングアクト、久保田利伸さんとの共演など、大きな仕事をさせてもらえるようになりました。その間にも、どんどんYouTubeに動画を投稿して、多くの人に自分の音楽を聴いてもらう機会をつくっていったんです。

Q 仕事をする上で、むずかしいと感じる部分はどこですか？

自分のやりたいことを追求すること、世の中で流行していることを取りいれること、このふたつのバランスを取って活動することです。ここが、とてもむずかしいんです。

ぼくは今は、YouTubeを使って、自分の音楽を表現しています。YouTubeは今もっとも便利で、もっとも影響力のあるメディアです。でも、これからもっとよいメディアができるかもしれない。そんなときにも、自分のやりたいことを見失わずに、どんどん新しいことに挑戦して、多くの人に自分の表現を届けていけたらと思います。

用語 ※ アポロシアターのコンテスト⇒ニューヨークにある劇場「アポロシアター」で行われる「アマチュアナイト」というコンテスト。歌手やダンサーがパフォーマンスを行う。上位に入ると注目され、プロへの道がひらける。

Q ふだんの生活で気をつけていることはありますか？

声が商売道具なので、風邪をひかないことですね。外出するときは絶対マスクをしています。だいたいランチを食べたあとくらいから、のどの調子がよくなるので、音声の収録は午後に行います。

本当に毎日朝から晩まで、まるで呼吸をするみたいに家でずっとヒューマンビートボックスの練習をしています。サッカーの応援に使うサンバホイッスルの音を再現できるのは、おそらく世界でぼくだけなんですが、これもずっと練習しているうちに、偶然できるようになりました。奥さんからは「うるさい！」って怒られることもありますけどね。

仕事と生活の境目がまったくない毎日なので、とにかく楽しく過ごそうと心がけています。

Q これからどんな仕事をしていきたいですか？

今ぼくは、YouTubeやテレビ出演などを中心に活動をしていますが、これからは、ライブにより力を入れていきたいと考えています。

ライブでステージに立つと、お客さんの反応が直に感じられます。ぼくのヒューマンビートボックスにおどろく顔、わきあがる歓声。それは映像の仕事とは、またちがう喜びがあるんです。

ほかにも、オリジナル曲をもっとつくりたいし、シンガーと共演したいし、好きなアーティストに曲を提供してみたい。やりたいことは、たくさんありますね。

今は音楽の勉強をしたり、世界の音楽情報を収集したりして、自分の中に知識やアイデアを蓄積しています。もう少し表現のはばを広げて、自分の中にあるものを自由に出せるようになりたいです。

・マイク・

・カメラ・

PICKUP ITEM

Daichiさんは、一眼レフのカメラで動画を撮影している。「相棒」と呼ぶマイクはドイツ製。クリアでしっかりとした音が出る。

「ふだん街を歩いているときにも、気がつくとヒューマンビートボックスを口ずさんでいます」。

YouTubeクリエーターになるには……

YouTubeクリエーターになるために、必要な資格はありません。ただし、YouTubeからの広告収入だけで生活できる人は、まだごくわずかでしょう。しかし、動画を投稿して、人気を集めれば、YouTube主催のイベントに招待されたり、立派なスタジオを無料で借りて撮影できたりします。さらに人気が出て、芸能事務所に所属すると、マネージャーがつくなど、サポートを受けられます。

高校・専門学校・大学
↓　　　↓
芸能事務所に所属　⇔　YouTubeクリエーター

Q YouTubeクリエーターになるにはどんな力が必要ですか？

YouTubeクリエーターになって、それを仕事にして生きていきたいという夢があるなら、だれに反対されてもやるという覚悟が必要です。

ぼくもYouTubeでヒューマンビートボクサーとして注目されたあと、地元福岡の音楽専門学校へ行こうとしたら、両親に反対されました。両親は大学を出て就職して、いわゆるふつうの人生を送ってほしかったようです。でも、やりたいことをやるために、絶対に専門学校に行き、きちんと音楽理論を学ぶことが必要だと思い、両親を説得しました。

地元の福岡に帰ると、多くの友だちは企業や自治体に就職しています。みんな、しっかりしていて感心してしまいます。

でも、ぼくは高校を出るときに、好きなことをやって生きていくと決めたので、YouTubeクリエーター、ヒューマンビートボクサーの道を選んだことを後悔していません。

📍 Daichiさんの夢ルート

- **小学校 ▶ ヒューマンビートボクサー**
  マンガ家をめざしていたが、テレビで観たヒューマンビートボクサーにあこがれた。

- **中学校 ▶ ヒューマンビートボクサー**
  中学2年生からパソコンの音楽制作ソフトでオリジナル曲をつくってインターネット上に投稿していた。

- **高校 ▶ ヒューマンビートボクサー**
  オーディションに合格し、テレビ番組にヒューマンビートボクサーとして出演。音楽で人を楽しませたいと思った。

- **専門学校 ▶ ヒューマンビートボクサー**
  音楽理論などの専門知識を学ぶために地元の音楽専門学校のキーボード科へ。

Q 中学生のとき、どんな子どもでしたか？

得意科目は数学と音楽と体育で、部活はサッカーをやっていました。ポジションはディフェンダーだったのですが、自分のミスが失点につながるというプレッシャーがすごくいやで……。そのときに、自分が個人プレー向きの性格なんだと気づき、高校では個人競技の陸上部に入りました。部活に加え、毎日10km離れた高校に自転車で通っていたので、体力がつきましたね。

ヒューマンビートボックスに出会ってからは、小学校でも中学校でも、祖父が経営していたカラオケボックスや、通学路で登下校時に練習していました。

パソコンは、中学生のころから家にあったのを使わせてもらっていましたね。友だちとチャットしたり、ソフトで音楽をつくってインターネットに公開したりしていました。

当時のぼくの曲を聴いたことがある人はほとんどいないと思いますが、これがYouTubeクリエーターになる原点かもしれません。こうして振りかえってみると、ひとりでパソコンに向かって何かをつくるのが好きだという点は、今とあまり変わっていないですね。

陸上部時代のDaichiさん。「部活では、どちらかというと、いじられキャラでした」。

陸上部の後輩たちから贈られたアルバムと手づくりのお守りは、Daichiさんの宝物。

「親に言われたから、先生に言われたから、ではなくて、自分で考えて自分で選ぶのが人生」と語るDaichiさん。

Q 中学のときの職場体験は、どこにいきましたか？

1日だけだったんですけど、近所のスーパーで職場体験をしました。

商品をたなにならべるなどの、簡単な作業をお手伝いしました。その日は、広告の品で60円くらいのカップ麺があったのですが、あまりに安いのでお店の人に質問をしたら「このカップ麺をこの値段で売ると赤字になる。でも、この商品を目当てにお客さんがたくさん来てくれれば、ちゃんと利益が出るんだ」という話をしてくれました。

目からウロコが落ちる思いでしたね。それまでは、単純によい商品をそろえていれば、売れると思っていたんです。でも実際は、お客さんを意識したいろいろな戦略があるんだということがわかりました。商売のむずかしさを感じた反面、すごくおもしろいとも思いましたね。

Q この仕事をめざすなら、今、何をすればいいですか？

今という時間を思いっきり楽しんで、好きなことを、とことんやってみてください。中学生という多感な時期は、一瞬一瞬がとても貴重です。将来のために勉強をすることはもちろん大事ですが、それだけで終わらないようにしてほしいですね。将来のために今を犠牲にするのではなく、今の積み重ねが将来につながるんだとぼくは思います。

夢や目標がある人は、どうやったらそれに近づけるのか、作戦を立てていきましょう。早すぎることはありませんし、途中で夢が変わっても、それもまたよい経験です。生き方は人それぞれ。後悔しない1秒1秒を過ごして、自分の生き方を自分で考え、見つけてもらいたいと思います。

評価されるかどうかは自分次第。そんな世界で表現していきたい

中学生の今できること

ふだんの暮らし

YouTubeクリエーターとして活躍するには、視聴者の目をくぎづけにするパフォーマンスや、心をとらえるようなメッセージなどが必要です。まずは、授業や部活、友だちとの遊びの中から、自分が興味をもてるもの、表現したいと思うものを見つけましょう。

また、視聴者にわかりやすく話し、伝える力も必要です。放送委員になれば、放送で多くの人に向けて話すことの練習ができるだけでなく、放送機材を使うことができるので、YouTubeクリエーターへの第一歩になるでしょう。

 国語 視聴者の心にひびくような動画をつくるために、語彙力や表現力を身につけましょう。

 技術 技術の時間には、パソコンを使う授業があります。動画の編集は、おもにパソコンで行うので、授業を利用してパソコンに慣れておきましょう。

 理科 科学実験の動画を投稿するYouTubeクリエーターも人気を集めています。授業で習う基本的な内容をきちんと理解しておきましょう。

 英語 YouTubeクリエーターの活躍の場は全世界に広がっています。英語で表現すれば、全世界の人に動画を観てもらえます。中学校レベルの英語力は必須です。

File No.9

アナウンサー
Announcer

TBS
宇垣美里さん
入社4年目 26歳

ひとつひとつの
ニュースに「一期一会」
という気持ちで
向きあいます

正確に、わかりやすく、さまざまな情報を伝えるアナウンサー。報道番組でニュースを読むだけでなく、スポーツ番組やバラエティ番組などでも、はば広く活躍しています。TBSの宇垣美里さんに、くわしくお話をうかがいました。

Q アナウンサーとはどんな仕事ですか？

アナウンサーの基本的な仕事は、テレビやラジオで原稿を読むことです。

報道番組ならニュースの原稿、バラエティ番組なら台本に書かれたコメントを読みます。正確に読むことはもちろん、正しい発音で、聞きとりやすく読まなければいけません。

わたしは『あさチャン！』という生放送の報道番組や『スーパーサッカー』というスポーツ番組、『炎の体育会ＴＶ』というバラエティ番組などを担当しています。番組のタイプによって、アナウンサーに求められる役割はちがうんですよ。

例えば『あさチャン！』は報道番組なので、アナウンサーが中心となり、ニュースを読んで番組を進めます。生放送は、秒単位で時間をコントロールしなくてはいけません。『スーパーサッカー』では、取材に出かけて、サッカー選手にインタビューすることが多いです。バラエティ番組の『炎の体育会ＴＶ』では、共演するメインＭＣ※が番組を進行しやすいように、コメントをはさみながらフォローしています。

番組が始まる前には、収録の流れなどをスタッフと打ちあわせる。

Q どんなところがやりがいなのですか？

つねに新しいことに挑戦できて、発見があるところです。

生放送もふくめ、どんな番組にも台本があります。でも、現場では何が起こるかわかりません。突然、大きなニュースが飛びこんでくることもありますし、出演者どうしの会話の中から、思わぬ展開が生まれることもあります。「毎日同じで慣れちゃったな」ということがありません。

知らなかったことを経験するたびに、「明日もちゃんと対応できるようにがんばろう」と気が引きしまります。

用語 ※ＭＣ ⇒ Master of Ceremony の略。番組の進行役のこと。

Q 仕事をする上で、大事にしていることは何ですか？

ひとつひとつのニュースに、「一期一会」という気持ちで向きあうことです。

ニュース番組では、話題の人やイベントなど、さまざまな題材を取りあげます。わたしにとっては、ニュースを読むことは日常ですが、取りあげられる人やイベントにとっては、一生に一度のことかもしれません。その「たった一度」を担当させてもらう以上、それに見あった努力をしなくてはいけません。番組が始まる前には、取りあげる題材について資料を取りよせたり、インターネットで下調べをしたりして、少しでも多くの情報を伝えられるようにしています。以前、先輩が「100の準備をして、ようやく1が伝えられるものなんだよ」と教えてくれましたが、本当にその通りなんです。

『あさチャン！』に出演するときは交通機関の営業開始前なので、自宅からタクシーで出社。スタイリストが用意した衣装を着て、スタジオへ。

宇垣さんの1日

- **03:10** タクシーに乗って出社。メイクや番組開始前の打ち合わせをする
- **05:25** 生放送の『あさチャン！』に出演
- **08:00** 番組終了。急な事件や災害があっても、すぐ報道できるよう会社で待機
- **10:00** いったん帰宅。メイクを落として仮眠を取る
- **15:00** 再び出社。『スーパーサッカー』の収録準備
- **18:00** スタジオで『スーパーサッカー』収録
- **21:00** 退社

Q 仕事をする上で、むずかしいと感じる部分はどこですか？

とくにむずかしいのは、事故や災害など、人の命に関わるニュースを読むときです。

わたしが伝える情報で、だれかの命を救うことができる可能性もありますが、まちがったことを伝えてしまうと、それが原因で命を落としてしまう人がいるかもしれません。

そのため、日ごろから、ニュースを読む前には原稿チェックが欠かせません。原稿は、本番まで1時間を切ってから届くことが多いのですが、人名や地名のチェックはもちろん、言葉のアクセントも、辞書を使って入念に調べます。

でも、速報のニュースが入ったときは、原稿チェックなしでニュースを読まなくてはいけません。そんなときも対応できるように、全国の地名などは、つねに勉強しています。

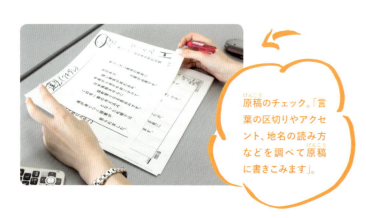

原稿のチェック。「言葉の区切りやアクセント、地名の読み方などを調べて原稿に書きこみます」。

番組の収録前は、欠かさず発声練習。「あ、え、い、う、え、お、あ、お」と発声したり、早口言葉を言ったりする。姿勢を正し、おなかに力を入れ声を出す。

Q なぜこの仕事をめざしたのですか？

もともとは記者になりたかったのですが、就職活動中にアナウンサー志望者向けのセミナーを受けたことがきっかけで、この仕事をめざすようになりました。

わたしが生まれた神戸では、毎年1月に阪神・淡路大震災の番組が放送されます。小さなころからそれを観ていて、「将来はテレビ局の記者になって、こんな番組をつくりたい」と思っていました。そのころは、アナウンサーははなやかな職業というイメージがあったので、まさか自分がなるとは思いもしませんでしたね。

大学生になっても記者になりたい気持ちは変わりませんでしたが、同じ大学でアナウンサーになった先輩の影響もあって、少しずつアナウンサーの仕事にも興味をもつようになりました。それで、志望者向けのセミナーを受けてみたんです。

セミナーで仕事の内容について話を聞くうち、どんどん「おもしろそう、この仕事に就きたい！」と思うようになりました。わたしにとっては、いろいろな場所に行き、多くの人に出会えるところが魅力的でしたね。

・消せるボールペン・
・電子辞書・
・ストップウォッチ・

PICKUP ITEM

電子辞書は、単語のアクセントを確認できる機能がついたものを使用している。消せるボールペンは、原稿に書きこみをするときに欠かせない。また、限られた時間内に原稿を読まなくてはいけないので、ストップウォッチで時間を測って練習する。

Q 今までにどんな仕事をしましたか？

まず、入社してから半年くらい、アナウンス技術などの研修を受けてから、生放送の報道番組やバラエティ番組などを担当してきました。テレビだけではなく、YouTubeの動画チャンネルや、ラジオ番組の仕事もあるんですよ。

ラジオやYouTubeの仕事は、テレビに比べて自由度が高いと思います。じつは、わたしは大のアニメ好きなんですが、担当したYouTubeの動画チャンネル『スキイモ』は、大好きなアニメや声優について、とことん語れる番組でした。自分の個性が仕事に結びつき、とてもうれしかったですね。

また、ラジオは声だけの仕事なので、テレビやYouTubeとは少しちがいます。テレビは、カメラの先にたくさんの人がいることを想像して話をしますが、ラジオでは、ひとりでぼんやり聴いている人の耳に語りかけるような気持ちで話をします。顔が見えていないという安心感があるからか、自然体で話すことができるんです。それがラジオのよさですね。ラジオは、わたしがとても大切にしている仕事です。

ラジオ番組の収録。「話したいことは、事前にまとめていますが、気持ちをこめて、自然に語ることを意識しています」。

Q ふだんの生活で気をつけていることはありますか？

アナウンサーのスケジュールは、日によってばらばらです。番組の収録が長びいてしまい、2時間くらいしか眠れない日もあるので、体調管理には気をつけています。

アナウンサーは、しゃべるのが仕事なので、とくに喉のケアは欠かせないですね。出かけるときは、つねにマスクをしますし、トローチを肌身離さず持ちあるいています。また、なるべく自炊して、野菜を食べるようにしています。手順を考えながら料理をしていると、いい息ぬきにもなるんですよ。

せきが出るときや、喉の痛みがあるときに使うトローチ。「乾燥する季節は、とくに手放せません」。

Q これからどんな仕事をしていきたいですか？

先ほどお話したYouTubeの番組のように、自分が好きなことが仕事につながったらうれしいですね。

ただ、アナウンサーは、番組のスタッフから「このアナウンサーと仕事がしたい」と指名してもらって、初めて担当できます。番組は、スタッフみんなでつくりあげるものなので、少しでも多くのスタッフに「宇垣といっしょに番組をつくりたい」と思ってもらえるように、成長していきたいと思います。

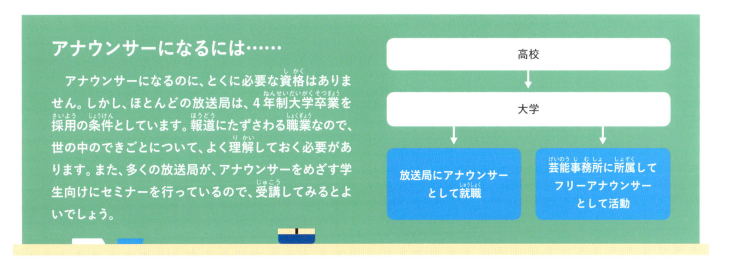

アナウンサーになるには……

アナウンサーになるのに、とくに必要な資格はありません。しかし、ほとんどの放送局は、4年制大学卒業を採用の条件としています。報道にたずさわる職業なので、世の中のできごとについて、よく理解しておく必要があります。また、多くの放送局が、アナウンサーをめざす学生向けにセミナーを行っているので、受講してみるとよいでしょう。

高校
↓
大学
↓
放送局にアナウンサーとして就職 ／ 芸能事務所に所属してフリーアナウンサーとして活動

Q アナウンサーになるにはどんな力が必要ですか？

知りたいこと、好きなことに、とことん向きあえる人は、この仕事に向いているかもしれませんね。

例えば、ニュースであつかう題材について調べるときも、「知りたい」という強い気持ちで取りくんだ方が、質が高い情報をたくさん得られると思うんです。

また、番組中は、コメントを求められることもあります。ちょっとしたひと言にも、人となりが出るものです。好きで打ちこんだことが多い人ほど、コメントにもはばが出るんです。

番組の収録がない時間は、紹介するニュースに関することや、取材するスポーツ選手について調べたりする。

宇垣さんの夢ルート

小学校 ▶ 編集者
読書や作文が好きで、編集者になりたいと思っていた。
▼
中学校→高校 ▶ テレビ局の記者
幼いころから阪神・淡路大震災の特集番組を観ていたこともあり、テレビ局の記者になりたいと思うようになった。
▼
大学 ▶ テレビ局の記者→アナウンサー
記者になりたい気持ちは変わらなかったが、セミナーを受けたことがきっかけで、アナウンサーをめざすことにした。

Q 中学生のとき、どんな子どもでしたか？

本当に読書が大好きな子どもでした。小さなころから、文章を読むのも書くのも好きで、いちばん最初になりたいと思った職業は、じつは本の編集者です。『夜と霧』や『罪と罰』、『白鯨』など、古典とよばれるような作品は、中学生のころにほとんど読んだと思います。

小学校から大学までずっと同じ学校だった親友がいるのですが、中学時代、彼女は図書委員長だったんです。図書委員長は昼休み中、図書室にいなくてはいけない決まりだったので、わたしもずっと図書室にいて、その親友といっしょに本を読んで過ごしていました。

部活は中学校、高校と吹奏楽部でした。担当の楽器はずっとサックスでしたね。サックスには、音域のちがいによってアルトサックス、テナーサックスなど4種類あるのですが、6年間練習したおかげで全部吹けるようになりました。

吹奏楽部の演奏会のときの写真。中学時代は生徒会長もつとめていた。

宇垣さんが中学時代に読んだ本。「少しむずかしそうな本を読むことを、自分に課していました。そうしないと、ずっと読まないままだろうなと思ったんです」。

Q 中学のときの職場体験は、どこに行きましたか？

ハンバーガーショップに行って、調理場やレジのお手伝いをしました。

調理場では、ミートパティを焼いたりポテトをあげたり、レジではお客さんの注文を取ったりと、初めての作業がたくさんありました。なかでもよく覚えているのは「ポテトチェック」という仕事です。あげたポテトがしなびていないか、試食して確認するんです。おいしくて、うれしい仕事でしたね。

職場体験は5日間あったのですが、お店のみなさんが優しかったこともあって、楽しく過ごすことができました。

Q この仕事をめざすなら、今、何をすればいいですか？

新聞は、読んだ方がいいと思いますね。ニュースがどのように報道されているのかを知ることが、とても大切だと思います。

もともと新聞を読む習慣はありましたが、アナウンサーになると決めてからは、毎日5紙を読んで、どんな表現が使われているのかを研究しました。また、テレビの報道番組も録画して、番組ごとに、ニュースの取りあげ方がどうちがうのかを研究しました。

「伝える」とはどういうことか、考えるきっかけになると思うので、ぜひ多くのニュースにふれてみてください。

Q 職場体験では、どんな印象をもちましたか？

職場体験をしてみて、「働いている人たちも、ふつうのお兄さんやお姉さんなんだな」とわかりました。それまでは、働くおとなは、ただ「知らない人」でしたが、ぐんと身近に感じられるようになりましたね。

それからは外食したときも「テーブルのそうじは大変だから、きれいにしてから行こう」と意識するようになったし、レジで会計が終わったら、心から「ありがとうございます」と言えるようになりました。どんな場所でも、いろいろなサービスを提供してくれる人がいると知ることができました。

中学生の今できること

ふだんの暮らし

放送部や放送委員会での活動がおすすめです。昼休みの放送など、実際にアナウンスをする機会があるので、アナウンス技術の基礎が身につきます。また、弁論大会など、自分の気持ちや考えを話す機会があれば積極的に参加しておくとよいでしょう。

アナウンサーは、突然のできごとが起きた場合にも、冷静に対応しなくてはいけません。クラスで問題が起きたときなどは、あせらず、まわりの状況を見て行動できるように心がけましょう。

 国語
情報を正しく伝えるには、的確な言葉を選ぶ力が必要です。新聞や本をたくさん読むなどして、読解力と語彙力をきたえておきましょう。

 社会
世の中で起こっているニュースを理解するには、国内外の歴史を知っておく必要があります。社会科で学ぶ知識は、ニュースを伝える仕事に不可欠です。

 体育
アナウンサーは生活が不規則になりがちです。基礎体力をつけておきましょう。

 英語
あつかうニュースによっては、海外取材へ行くこともあります。中学時代でしっかりと基礎を固めて、ゆくゆくは会話に困らない程度の英語力を身につけましょう。

File No.10

広告ディレクター
Advertising Director

リクルート
コミュニケーションズ
福嶋亜侑華さん
入社3年目 24歳

自分のつくった広告で、人の心を動かしたい

広告を見て、人は買い物をしたり旅行に行ったり、ときには人生の大きな決断をしたりします。そんな広告の仕事について、リクルートコミュニケーションズで、結婚情報誌『ゼクシィ』の広告ディレクターをつとめる福嶋亜侑華さんにお話をうかがいました。

Q 広告ディレクターとは、どんな仕事ですか?

広告ができるまでの工程すべてを取りしきるのが広告ディレクターの仕事です。

「広告」といっても、テレビのCM、WEBサイトのバナー広告、電車の車内広告などいろいろな形がありますが、わたしがつくっているのは、雑誌広告です。

わたしは『ゼクシィ』という結婚に関するさまざまな情報がのっている雑誌を担当しています。その中には、結婚式場の情報もたくさん掲載されます。わたしは結婚式場の広告ページを制作しています。

まずは結婚式場と打ち合わせをして、どこがアピールポイントなのか、どんなカップルに式を挙げてほしいかなどを聞き、話しあいます。そして、話しあった内容は広告ディレクターが企画として、まとめていきます。

広告の内容が固まったら、いよいよ制作です。原稿を書くライターのほか、花嫁と花婿の写真を入れる場合は、モデル、カメラマン、スタイリスト、ヘア＆メイクアップアーティスト、料理の写真も入れる場合はフードコーディネーターなどを手配します。結婚式場での撮影が終わったら、写真と原稿をまとめて、グラフィックデザイナーにデータを渡します。デザイナーにデザインしてもらったら結婚式場に見てもらい、まちがいがないか確認します。ここまでの工程すべてが、広告ディレクターを中心に動いていきます。

Q どんなところがやりがいなのですか?

自分のつくった広告で、だれかの心を動かせることですね。広告を見て、結婚式場へ電話で問いあわせるなど、行動を起こしてくれる人がいると、本当にうれしいです。

結婚式場から「広告のおかげで問い合わせが増えたよ」「今回の広告はよかったね！」などと言ってもらえると、感激で制作の苦労が一気にふきとびます。また、いろいろな人の力が結集した結果、わたしの想像をこえるすてきな広告にしあがったときは、とても達成感があります。

Q 仕事をする上で、大事にしていることは何ですか？

つねに読者の目線で広告をつくることです。読者の中には、結婚式に関する知識がまったくない人もたくさんいます。そんな人が見ても、内容が理解できる広告をめざしています。

この仕事をしていると、毎日、結婚式に関する情報にたくさんふれることになります。そうすると、世間の人にとっては新鮮な情報が、いつの間にか、わたしにとっては当たり前になってしまうんです。読者とわたしの感覚がずれてしまうと、いい広告はつくれません。だから読者目線が大事なんです。

福嶋さんが手がけている結婚情報誌『ゼクシィ』(右)。「レイアウトシート」(下)を使って誌面の構成を考える。

福嶋さんの1日

- 10:00 出社。まずメールをチェック。そのあとは企画を考えたり、ページのレイアウトを考えたりする
- 12:00 ランチ
- 13:00 営業担当者といっしょに担当している結婚式場に行って打ち合わせ
- 16:00 打ち合わせで聞いた内容から、広告の構成などを考える
- 17:00 社内で次号の内容について打ち合わせ
- 18:00 企画書を作成したり、次の取材の準備をしたりする
- 20:00 退社

Q なぜこの仕事をめざしたのですか？

もともと人と接することが好きだったので、ずっとキャビンアテンダント（飛行機の客室乗務員）にあこがれていたんです。大学時代は、キャビンアテンダントの養成スクールに通っていました。じつは、キャビンアテンダントの仕事の中でも自分が興味をもっていたのは、自分の言葉で商品を提案し、お客さんに買ってもらう接客の部分でした。

そんなころ、アルバイト先のレストランで、メニュー表づくりを任せてもらったんです。見やすさを意識してデザインしたり、料理の売り文句を考えたりするのがとても楽しくて。わたしは、自分が考えた言葉やデザインでお客さんの心を動かすということに興味があるんだと気がつきました。それで広告業界をめざすことにしたんです。

社内での打ち合わせは和やかな雰囲気。「結婚式場の情報にはとてもくわしくなりました」。

打ち合わせには、『ゼクシィ』のバックナンバーを持ちあるくこともある。「1冊の重さが5kgくらいあるので、大変です」。

Q 仕事をする上で、むずかしいと感じる部分はどこですか？

広告制作には、グラフィックデザイナーやライターなど、さまざまな人が関わります。その人たちの意見をまとめて、つねに同じ方向をめざして仕事するのはむずかしいですね。

わたしはまだ経験が浅いので、先輩に指導されることも多いです。でも、「結婚式場との接点がいちばん多く、お客さんのことをだれよりもわかっているのが、わたしなんだ」と、自信をもって対応するようにしています。そのためにも、結婚式場の人の話をしっかり聞いて、強い信頼関係を結ぶように心がけています。

また、広告の宣伝効果があまり出なかったときにも、この仕事のむずかしさを痛感しますね。そんなときは、次号の広告で必ず成果を上げられるように、結婚式を挙げたいと思っている人のSNS※をチェックしたり、『ゼクシィ』の読者層に近い知人に話を聞いたりして、どうして読者にひびかなかったのか一生懸命考えます。そのための努力は惜しみません。

Q 今までにどんな仕事をしましたか？

1年目は、先輩について結婚式場をまわりながら、広告制作の方法を一から学びました。

2年目からは結婚式場の担当を何か所か任されるようになりました。広告制作のほか、新しい婚礼プランや料理のメニューを考えたり、イベントを企画したりするようになりました。若い人にアピールするために、Instagramでフォロワーの多い人に協力してもらって、いっしょにウエディングプランを考えたこともあります。

今は、自分がこなせる仕事のはばを、少しずつ増やしていっているところです。

6つの結婚式場の広告を担当している福嶋さん。結婚式場の担当者との打ち合わせでは、どんなカップルに来てほしいのかなど、細かく聞きこむ。

用語 ※SNS ⇒ ソーシャル・ネットワーキング・サービスの略。インターネット上で、人と人とが写真や文章などの情報をやりとりする。TwitterやFacebook、Instagramなどがある。

- 先輩が描いてくれた似顔絵
- 木彫りのネコ
- ペン立て

PICKUP ITEM

先輩が描いてくれた福嶋さんの似顔絵と木彫りのネコは、仕事の疲れをいやしてくれる。4段に分かれたペン立ては使いやすくて、仕事の効率化に役立っている。

Q これからどんな仕事をしていきたいですか？

わたしは結婚式場といっしょに、結婚式のプランを考える仕事もしています。これから新たなプランを考えて、「結婚式を挙げたい」と思う人を増やしていきたいです。

わたしの友人にも、「結婚式を挙げずに、籍を入れるだけでいい」と言っているカップルがいます。結婚式をしない理由は、お金がかかるとか、形式ばった式を挙げるのがはずかしいとか、自分の感覚に合う結婚式場がないなど、さまざまです。でも、お金がかからないようにしたり、堅苦しさのない、若い人の心にひびく演出を考えたりすれば、「そういう式ならやりたい」という人が増えると思うんです。

わたしがつくった広告や結婚式のプランが、1組でも多くのカップルの目にとまり、人生に1度しかない、最高に幸せな思い出をつくる手助けになったら、すてきですよね。

Q ふだんの生活で気をつけていることはありますか？

人との交流を大事にすることと、流行に敏感になることです。雑誌やSNSで話題になっているスポットには足を運ぶようにしていますし、ヒットした映画もチェックしています。興味がないことでも、体験しておくと、のちに新しい婚礼プランのアイデアにつながることもあるからです。

結婚式場の担当の方から、最近流行していることについて質問されることもあります。これからもアンテナを張って、結婚を考える人の気持ちによりそって仕事をしていきたいです。

「多くの人に、結婚式っていいなあと、思ってもらいたいです」そう話す福嶋さんは、形式にこだわらない結婚式を挙げたいそう。

広告ディレクターになるには……

広告ディレクターをめざす人の多くは、大学で学んだあと、広告代理店もしくは広告の制作会社に就職します。広告関係の仕事に就くための専門学校もあり、専門的な知識を身につけることができます。

広告ディレクターになるためにとくに必要な資格はありませんが、人の話をしっかりと聞く力や、パソコンの基本的な知識などは身につけておくと役立ちます。

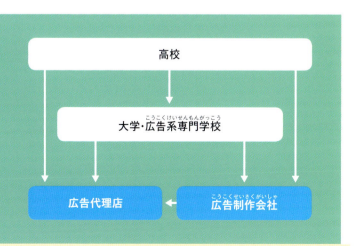

Q 広告ディレクターになるにはどんな力が必要ですか?

物事に対して「それはなぜ?」と疑問をもち、徹底的に考えぬく力ですね。単に情報をならべるだけでは、効果的な広告はつくれません。だれに向けての広告なのかを明確にして、その人の心にひびく見せ方や伝え方を考えなければいけないのです。

例えば、お姫様のような結婚式にあこがれる人に向けて広告をつくるなら、ピンクや花柄を使って、かわいい誌面にしたほうが、読んでもらえる確率が上がりますよね。広告のターゲットとなる人たちの心理や行動パターンを研究し、これでもかというくらいにほりさげて考えることが大事なのです。わたしは大学で心理学を学んで、いろいろな人のカウンセリングみたいなこともしました。ずっと人が何を思って行動するんだろうと考えてきたんです。その経験が、今に活きていると感じますね。

いろいろなことに興味をもって、調べることが自然にできるなら、広告ディレクターに向いているんじゃないでしょうか。

福嶋さんの夢ルート

小学校 ▶ パティシエール
料理が好きな母の影響で、「ものをつくる仕事」に興味があった。

中学校・高校 ▶ キャビンアテンダント
父が転勤になり、飛行機に乗る機会が増えた。そのとき出会ったキャビンアテンダントにあこがれるようになった。

大学 ▶ キャビンアテンダント →広告の仕事
大学に通うかたわら、キャビンアテンダントの養成スクールで勉強した。でも、就職活動中に、広告をつくる仕事に魅力を感じるようになった。

Q 中学生のとき、どんな子どもでしたか?

毎日、勉強と部活に一生懸命で、いそがしく過ごしていました。

中学時代は島根県に住んでいて、電車で1時間くらいかけて通学していました。まわりに成績のよい生徒が多かったし、近くに遊べるような場所も少なかったので、まじめに勉強に取りくんでいましたね。学校の授業のほかにも、通信教育の教材で勉強していた記憶があります。

そのころは『テニスの王子様』というマンガが人気で、その影響もあり、部活はソフトテニス部を選びました。土日も休みがなく、大学生との合同の練習もあって、体力的にはとても大変でした。でも、テニスに打ちこんで、汗を流した日々のことは、今でも楽しかった思い出として残っています。

中学時代、テニス部に所属していた福嶋さん。

練習の前は、部員で円陣を組んで、気合を入れていた。

Q 中学のときの職場体験は、どこに行きましたか？

地元のスーパーに5日間行って、お手伝いをしました。朝礼で「いらっしゃいませ！」「ありがとうございます！」などと声出ししたあと、商品を出してならべたり、野菜を袋につめたり、パートやアルバイトの人といっしょに働いて、いろいろなことを経験させてもらいました。

ひき肉の重さを量ってトレーに入れ、ラップをかけていく仕事があったのですが、わたしは途中から肉の下にシートをしくのを忘れてしまったのです。仕事に慣れてきて油断したのと、単純作業が続いて集中力がとぎれてしまったせいだと思います。お店の方に注意されて、迷惑をかけたこととミスをしたことに、けっこう落ちこんでしまいました。

Q この仕事をめざすなら、今、何をすればいいですか？

まずは目の前の勉強をしっかりやりましょう。それから、いろいろな人と積極的に関わってほしいです。友だちだけではなく、先生や地域の人など、まわりのおとなとも話をしてみましょう。「この人とは合わないから」と避けないで、苦手意識がなくなるまで、とことん話しかけてください。

いろいろなタイプの人とつきあいがあることが、広告をつくる上で大きな力になります。わたしも、広告について考えるときに、その広告がターゲットとする層に近い知り合いの行動パターンに当てはめることで、ヒントを得た経験が何度もあります。よく言われることですが、人とのつながりは本当に財産になりますよ。

Q 職場体験では、どんな印象をもちましたか？

仕事のきびしさはもちろんですが、それ以上に勉強になったのは、一見すると単純に思えることでも、お店の人がやることには、ひとつひとつ意味があるとわかったことです。

なかでも、「レジの近くに、衝動買いされやすい安価な商品をならべる」と教わったことが印象に残っています。わたしにとっては、お客さんがどのように行動するかを分析することのおもしろさを知る、最初の体験になりました。

わたしのつくった広告が最高に幸せな思い出をつくる手助けになってほしい

中学生の今できること

ふだんの暮らし

新聞、雑誌、テレビ、WEBサイトなど広告はさまざまなメディアに掲載されています。メディアごとにどんな特徴があり、どう役割がちがうか見くらべてみましょう。とくにひとつの企業、ひとつの商品の広告をメディアごとに比較してみると、ちがいがよくわかります。

雑誌や、新聞にのっている広告で気に入ったものを集めてみましょう。また、どんな言葉が自分の心をとらえたか調べてみましょう。小説の言葉とも、雑誌の記事ともちがう、広告の言葉について注目してみてください。

国語　広告ディレクターにとって、語彙力は非常に大切です。こまめに辞書を引きましょう。また、物語などの登場人物の心情を読みとる力は、実際の仕事でも役立ちます。

社会　ふだんからニュースをチェックし、社会の動向を知っておきましょう。歴史、地理、公民で学ぶ内容は、広告をつくる上での基礎知識になります。

数学　広告では、データを分析したり、目標を数値にして出したりするなど、数学が必要になるケースが少なくありません。苦手意識をもたないようにしておきましょう。

美術　色彩感覚や形のバランスなど、美術の授業で習う内容が広告をつくる上で役立ってきます。

File No.11

編集者
Editor

小峰書店
小嶋英俊さん
入社7年目 28歳

小さいころから
好きだった本に
関わることができて、
楽しいんです

1冊の本ができるとき、そこには、必ず編集者がいます。そこで、この本をつくっている小峰書店の、小嶋英俊さんに話を聞いてみました。編集者はどんなふうに仕事をするのでしょうか。また、どうやってなるのでしょうか。

Q 編集者とはどんな仕事ですか？

企画から印刷まで、本をつくるためのすべての工程と品質、スケジュールを管理するのが編集者の仕事です。

絵本や児童文学、図鑑など、本にはいろいろな種類がありますね。その中で、ぼくは小学生から中学生を対象にした、学習に役立つ本を担当しています。学校の図書館に置いてもらう、おもに調べ学習用の本を編集しています。

本づくりはまず、企画を考えるところから始まります。どんなことをテーマにするのか、だれに読んでもらいたいのかを決めるんです。企画が決まったら、著者に原稿を依頼し、イラストレーターにさし絵を、カメラマンに写真を依頼します。また、読みやすくて魅力的な本になるように、表紙や各ページをグラフィックデザイナーにデザインしてもらいます。

スケジュール管理も編集者の大切な仕事です。原稿やさし絵がしめきりに間にあうように著者やイラストレーターに依頼します。印刷をする印刷会社とも交渉し、本が発売日に刊行できるように、日程を調整します。

本の試し刷り（ゲラ）を確認。言葉づかいにまちがいがないか、さし絵に直すところがないかなどをチェック。

Q どんなところがやりがいなのですか？

本をつくるたびに、新しい知識が身について、自分の世界がどんどん広がっていくのが楽しいです。

編集者になって最初の仕事は、オリンピック・パラリンピックについての本をつくることでした。でも、正直に言うと、それまでスポーツにはあまり興味がなかったんです。それでも、まちがいのない本をつくるために一生懸命に勉強しました。気がつけば、スポーツのルールや歴史にくわしくなっていて、今ではテレビでスポーツの中継をやっていると、時間を忘れて観るほどになりました。

本は、InDesignというソフトでつくられている。小嶋さんがInDesignで、文章の修正をしているところ。

小嶋さんの1日

- 09:00 出社。まずはメールチェック
- ▼
- 10:00 その日に進める仕事の確認。また、週の初めには編集部全体で、仕事の進み具合を確認しあう
- ▼
- 12:00 ランチ
- ▼
- 13:00 届いた原稿や、さし絵を確認。必要があれば修正の依頼をする。パソコンで原稿の修正案を作成する
- ▼
- 17:00 外出して、作家やイラストレーターと打ち合わせ
- ▼
- 19:00 退社

Q 仕事をする上で、大事にしていることは何ですか？

読者の目線で、ひとつひとつの仕事を行うように心がけています。

例えば、小学生向けの本をつくっているときは、言葉づかいはむずかしくないか、読み方がむずかしい漢字にふりがなをふるか、さし絵を入れたらもっとわかりやすくなるか、など読みやすくするためにどんな工夫ができるか考えます。最初に本を開いたときに、むずかしそうだなと思われたら、なかなか読んでもらえません。読者にとって、読みやすくて、興味がもてる本になるようにと考えています。

小嶋さんが初めて編集にたずさわった『オリンピック・パラリンピック大百科』。「思っていた以上に大変でしたが、完成品を見たときは感激しました」。

ペン / 電子辞書

PICKUP ITEM

文章やイラストをチェックするのに、赤ペンは欠かせない。修正案は何度か書きなおすこともあるため、書いても消せるペンをよく使う。電子辞書は、言葉の正確な意味などを調べるのに使う。

Q 今までにどんな仕事をしてきましたか？

最初の4年は営業の仕事をしていました。書店や図書館に出向いて、本を置いてもらえるよう交渉する仕事です。小峰書店が今までにつくった本を、しっかりと読んで、書店員さんや図書館員さんにおもしろさを伝えられるようにしていました。本の魅力が伝わって、書店や図書館に置いてもらえたときはうれしかったですね。

編集部へ入ったのは、入社して5年目のときです。1年目は先輩の仕事を手伝いながら、本ができあがるまでの流れを勉強しました。2年目になって、ことわざや四字熟語をテーマにした本に、企画の段階からたずさわりました。

Q なぜこの仕事をめざしたのですか？

小さなころは、児童文学の作家になるのが夢でした。絵本や童話が大好きだったからです。じつは、祖父が小説家だったんです。着物姿で小説を書く祖父は、本当にかっこよくて、作家になることにあこがれていました。

作家になる夢は、中学生くらいであきらめてしまいましたが、子どもの本に関わりたいという気持ちはずっとありました。小峰書店の採用面接で面接官と好きな童話について、話がはずんだことは今でも覚えています。

まさか自分が、ずっと好きだった本をつくる立場になれるなんて、思ってもいませんでした。

Q 仕事をする上で、むずかしいと感じる部分はどこですか？

スケジュールの管理は大変ですね。本ができるまでにはたくさんの工程があって、著者やイラストレーターなど多くの人に仕事を依頼します。すべてが順調に進行すればよいですが、なかなかそうもいかず、ときにはおくれが出ることもあります。そんなときは、完成までの全体的なスケジュールをもう一度確認して、日程を調整します。

編集者には、原稿やデザインを確認したり、必要な資料を集めたりといった、時間のかかる仕事があります。それに取りくみながら、各方面へも仕事の指示を出すのは、本当にむずかしいですね。

Q ふだんの生活で気をつけていることはありますか？

編集の仕事をするようになってから、今まではあまり興味がなかったことも、意識的に知ろうと思うようになりました。

休日は、大きな書店に足を運んで、すべてのコーナーを見てまわります。どんな本が売れているか気になりますし、本を手にとってながめるだけで、表紙やページのデザインの勉強になるんです。それに、どんなジャンルの本も、新しい本の企画を立てる上でのヒントになりますから。

そして何より、子どもたちが夢中で本を選んでいる姿を見ると、「ぼくももっともっとよい本をつくりたい！」と、やる気が出てくるんです。

社内の本棚には、これまでに出版された本がぎっしり。先輩がつくった本を読んで、勉強している。

Q これからどんな仕事をしていきたいですか？

まずは、子どもの学習に役立つ本をしっかりつくれるようになりたいです。そしていずれはクイズやうらないなど、遊びの要素がある本をつくってみたいですね。あとは、大好きな童話や小説にも関わってみたいです。とくに、昔の名作を、今の子どもが読みやすいようにアレンジして出版するというのが夢です。

じつは、毎年すごい数の本が書店や図書館から姿を消していて、そのなかには、ぼくが好きだった童話や小説もふくまれています。消えてしまった作品をもう一度世の中に出して、子どもたちに楽しんでもらいたいなと思います。

Q 編集者になるにはどんな力が必要ですか？

自分が「こうしてほしい」と思っていることを、言葉できちんと伝える力が絶対に必要だと感じています。

いっしょに仕事をする著者やイラストレーター、デザイナーといった人たちに仕事を依頼するとき、編集者の意図が伝わらないと、みなさん、どんな文章やイラストにすればいいのかわからず、困ってしまうからです。

ときには、こちらの意図が上手に伝えられず、思いえがいていたのとちがう原稿を受けとることもあります。そんなときこそ、相手の考えをよく聞いて、どこを直してほしいのか、言葉をつくして説明する必要があります。

どんな仕事にも言えるかもしれませんが、編集者には対話力が重要だと思いますね。

編集者になるには……

編集者をめざす人の多くは、高校を出たあと、大学や専門学校に入って学び、就職試験を受けて出版社や編集プロダクション（制作会社）に就職します。編集者になるために、とくに必要な資格はありませんが、出版社の多くは4年制大学卒業を条件にしています。また、なかには学生のアルバイトを募集している会社もあるので、学生時代に経験を積んでおくのもよいでしょう。

高校
↓
大学・専門学校
↓
フリーの編集者として独立 ← 出版社、編集プロダクション

Q 中学生のとき、どんな子どもでしたか？

　児童文学が好きで、小学生のとき好きだった作品を中学生のころもくりかえし読んでいました。とくに、宮沢賢治の本や、グリム童話シリーズに夢中でしたね。読んだあとに不思議な感覚が残る物語が好きだったんです。

　宮沢賢治の作品で印象に残っているのは『グスコーブドリの伝記』や『銀河鉄道の夜』です。登場人物の、他人のためなら自分を犠牲にしてしまう優しさにとても衝撃を受けました。グリム童話の方は人間のもつ冷たい部分も描かれていて、日常とはちがう世界をのぞいているような気分になりました。

　今、編集者になってみると、中学生のころに読んだ児童文学作品がとてつもなく豊かな世界をもっていて、いかに優れていたかということがわかります。いつかは、ぼくも編集者として、子どもたちの記憶にずっと刻まれる作品がつくれたらと思っています。

小さなころからくりかえし読んできた児童文学作品。「何度読んでも、新しい発見があります」。

小嶋さんの夢ルート

小学校 ▶ 児童文学作家
童話や児童文学を読むのが好きだった。小説家の祖父を見て育ったので、作家にあこがれをもっていた。

▼

中学校・高校 ▶ 未定
自分に何ができるかわからなくなった。しかし本は好きだったので、高校を卒業したら大学の国文学科に進むことを決めた。

▼

大学 ▶ 国語の教師→編集者
高校の受験勉強で古文が好きになり、国語教師になりたいと思うように。しかし、好きだった本をつくる夢をあきらめきれず、編集者をめざすようになった。

Q 中学のときの職場体験は、どこに行きましたか？

　いくつかの体験先の中から、興味のあった郵便局を選びました。職員さんたちにまじって郵便物の仕分けを手伝ったのですが、想像以上に大変な仕事でしたね。

　ポストから回収されてきた手紙やハガキは1か所に山のように積みあげられます。それらを1枚ずつ手に取って、送り先の住所別に仕分けをするんです。それも、番地ごとに仕切られたたなに分けていくんですよ。まちがったたなに入れてしまうと、郵便物が正しい送り先へ配達されないので、かなり集中して作業したのを覚えています。

Q 職場体験では、どんな印象をもちましたか？

わずか1日の体験学習でしたが、働くおとなたちのすごさを感じることができました。

郵便局員の方たちは、送り先の番地を見ると、考えたり迷ったりすることなく、仕分け棚の前へ移動するんです。その動きにはまったくむだがなくて……。「からだが勝手に反応するレベルまで仕事を極めるのはかっこいい！」と感動した記憶があります。

それまでのぼくにとって、おとなが働く姿というと、祖父が家で小説を書いているところでした。でも、職場体験で大勢のおとなが力を合わせて働く姿を見て、働き方にもいろいろあるんだと気づかされました。

小峰書店では、編集者どうしで協力しながら本をつくっています。職場体験で得た経験は今にも活きていますね。

Q この仕事をめざすなら、今、何をすればいいですか？

これは自分がやっておけばよかったと思うことでもあるのですが、苦手なことでも、見方を変えて好きになれるところを探してみたり、いろいろなタイプの友人とつきあってみたりして、自分の世界を広げておくとよいと思います。

本はいろいろな人が読むので、それをつくるには、さまざまな方向からものごとをとらえる力が必要です。ものごとを考える上で、たくさんの引き出しをもっておくことが、より多くの人に「おもしろい」と思ってもらえる本をつくる力につながると思います。

中学時代の小嶋さん。本を読んで「ここはどういう意味なんだろう」とほりさげて考えるのが好きだった。

子どもたちが夢中で本を読んでいる姿が原動力です

中学生の今できること

ふだんの暮らし

本づくりには、あらゆる分野の知識が必要です。各教科に、興味をもって取りくむことが大切です。また小説や雑誌など、さまざまな読み物にふれましょう。たくさん本を読むと、文章力もみがかれます。

また編集者は、作家やイラストレーター、デザイナーなど、さまざまな人と意見を交換しあって仕事を進めます。クラスや部活で話し合いをするときは、相手にどう話すと考えが伝わりやすいか学べる機会です。積極的に議論に参加してみましょう。

 国語
編集者には文章力が欠かせません。詩や小説だけでなく、ノンフィクションなどさまざまな分野の本を読みましょう。作文では、読み手が興味をもって読み進められる文章を意識して書きましょう。

 社会
歴史や政治など、社会科で学ぶ内容は、どんな本をつくるときも基礎的な知識として必要です。

 美術
イラストや写真のよし悪しを判断することも多い仕事です。さまざまな芸術にふれて、観る目を養いましょう。

 英語
海外の作品の翻訳作品をつくることがあります。原書を読むこともあるので、英文を読む力を身につけておくとよいでしょう。

File No.12

グラフィックデザイナー
Graphic Designer

SOUP DESIGN
加納大輔さん
入社2年目 24歳

思いえがいて
いるものを、
目に見えるかたちにする。
それがデザイン

本やポスターなどをデザインすることがグラフィックデザイナーの仕事です。そこでこの本をデザインしている会社、SOUP DESIGNで働く加納大輔さんにお話をうかがいました。グラフィックデザイナーとはどんな仕事なのでしょうか？

34

Q グラフィックデザイナーとはどんな仕事ですか？

グラフィックデザイナーとは、本やポスター、ロゴマークなど平面のものをデザインをする職業です。文字の色や形、大きさを決めて、絵や写真を配置して、デザインしていきます。

ぼくのつとめる SOUP DESIGN は、さまざまなものをデザインしていますが、そのなかでもぼくは、おもに単行本や雑誌を手がけています。例えば1冊の雑誌は3、4人のチームでデザインします。デザイナーひとりにつき4冊くらい同時に担当するんです。

デザインの作業は基本的にパソコンを使って行います。使うのは InDesign を中心に、Illustrator と Photoshop という3つの専用のソフトです。

Q どんなところがやりがいなのですか？

デザインは、パソコン上の作業なので、できあがった本の姿は想像するしかありません。でもその分、完成して形になった本を手にしたときは、とても感動しますね。

例えば、本に使う紙にはいろいろな種類がありますが、紙の種類によって、手ざわりや印刷されたときの色がちがうんです。しあがりを想像するには、印刷の工程や紙についての知識が必要です。印刷してみて、ねらい通りになったときは、とてもうれしいですね。

たくさんの人と手間をかけてつくった本が、無事に書店にならんでいるのを見ると、達成感があります。何とか自分の役割を果たせたかなって思います。

Q 仕事をする上で、大事にしていることは何ですか？

うちの会社ではひとりでなく、チームでデザインするので、チームワークが大切です。

ひとつの InDesign のデータを共有するので、ぼくだけがやりやすい方法ではなく、チームのみんなが作業しやすい方法を心がけています。

InDesign は、社会人になって初めて使うようになりました。本を読んで勉強もしましたが、実際に現場で覚えることの方が多いですね。

また、おたがいのめざすデザインが同じものになるように、コミュニケーションを積極的に取るようにしています。

雑誌のページの色校正紙をチェック。きれいに刷りあがっているか、ルーペで拡大して確認する。

デザイン作業をしているところ。InDesign というソフトを使って、文字やイラストの配置を細かく調整する。

加納さんの1日

- 09:00 出社。パソコンでデザイン作業。ほかにも印刷会社から届いた色校正紙を見て、印刷会社への修正の指示を書きこんだり、打ち合わせをしたりする
- 11:00 週1回、金曜日に社員全員でそうじ
- 14:00 ランチ。食事をすませたら午前中の仕事の続きに取りかかる
- 19:00 退社。自宅では、本を読んだり音楽を聴いたりして過ごす

用語 ※色校正紙 ⇒ 実際に本を刷るときに使う紙とインクで、試し刷りをしたもの。

・定規
・カッターナイフ

PICKUP ITEM

デザインしたら、紙にプリントアウトする。余白を切りおとして、文字やイラストのバランスを確認する。そのとき欠かせないのが定規とカッターナイフ。定規は、カッターの刃の力に負けないじょうぶなステンレス製。

Q 今までにどんな仕事をしましたか？

入社してから1か月くらいは、完成した雑誌や先輩がつくったデータを見て、デザインの仕方を勉強していましたが、そのあとすぐに『TRANSIT』という雑誌を担当することになったんです。はじめは失敗ばかりで、何が足りなかったのかを自分なりに考える日々でした。今は担当する雑誌が増えてきて、『COMMERCIAL PHOTO』という雑誌なども担当しています。

基本的には雑誌の中のページをデザインしているのですが、2年目には、『IN POCKET』という短い小説や書評を集めた雑誌の表紙も担当しました。表紙は本の「顔」なので、うれしいながらも緊張感がありましたね。

Q なぜこの仕事をめざしたのですか？

芸術大学に進んで、彫刻、絵画、演劇や音楽など、あらゆる芸術に興味をもちました。そして、いろいろな個性をもった友だちと交流しました。どれもとてもおもしろくて、ひとつにしぼるのはむずかしかったんですが、デザインを通じてなら、自分が興味をもつそのすべてに関われると思ったんです。音楽ならCDジャケット、演劇や展覧会ならポスターにデザインの力が必要です。そうして、デザインは芸術と世の中をつなぐことができる、それが魅力でした。

Q 仕事をする上で、むずかしいと感じる部分はどこですか？

「デザイン」というと、ひらめきが求められるようなイメージがありますよね。でも、じつは、グラフィックデザイナーって、細かなところまで論理立てて考えているんですよ。

例えば、余白ひとつをとっても、たった0.5mmちがうだけで、印象がまったくちがってきます。また、デザインの組み立て方しだいで、ページをめくるテンポもよくなったり、悪くなったりするんです。

読者のひとりだったときには意識していなかったことがたくさんあって「デザイナーはこういう考え方をするのか！」と、入社してからおどろきました。

今も奥深いデザインの世界について勉強の毎日です。

上は初めてデザインにたずさわった『TRANSIT』。中央は担当する写真の雑誌『COMMERCIAL PHOTO』。下は加納さんが初めて表紙をデザインした『IN POCKET』。

Q ふだんの生活で気をつけていることはありますか?

デザインの仕事は夜型の生活になりがちなのですが、なるべく規則正しい生活をしようと心がけています。いそがしいときは、どうしても帰りがおそくなって、ときには徹夜をすることもありますが、できるだけ毎日9時に出社するようにしています。また、この時代に生みだされている作品に興味があるので、休日には、友だちをさそって芸術の展覧会に足を運ぶようにしていますね。好きで観ているものが、自然と知識やアイデアとして蓄積されて、仕事につながっています。書店にもよく行っていますよ。仕事の参考になる本を探しているときでも、おもしろそうな本があると、ついつい買ってしまいますね。

Q これからどんな仕事をしていきたいですか?

雑誌も大好きですが、芸術家や写真家の作品集をデザインしてみたいです。

雑誌には新しい情報がつまっていて、読んでいて楽しいのですが、情報が古びてしまうと捨てられることもあります。まあ、それはそれで、大切な役割を果たしていますけどね。

一方、作品集は1ページ1ページ、じっくりながめるものです。別の日に観れば、またちがう発見ができます。だから、きっと長く手元に置いてもらえると思うんです。そんな、読者に大切にしてもらえる本をつくってみたいです。

あとはいずれ独立をして、個人のデザイナーとして仕事がしたいですね。

Q グラフィックデザイナーになるにはどんな力が必要ですか?

何よりも大事なのは、人としっかりコミュニケーションを取って、相手の気持ちによりそう力だと思います。

ぼくたちの仕事は、相手が頭の中で思いえがいているものを、目に見えるかたちにして差しだすことです。それが「デザインをする」ということだと思うんです。

自分のやりたいことを勝手にやった結果、相手が求めていたものとちがっていれば意味がありません。

だから、仕事の依頼を受けるときはしっかりと話を聞いて、相手の考えを理解するようにしています。人の話を聞くとき、「この人が伝えたいことは何だろう?」と耳をかたむけられる人は、デザイナーの仕事に向いているように思います。

本のデザインについて編集者と打ち合わせ。相手の意図を聞きながら、方向性やイメージを共有する。

グラフィックデザイナーになるには……

グラフィックデザイナーをめざす人の多くは、高校を出たあと、美術系の大学や専門学校に入って学び、デザイン会社に入ります。とくに必要な資格はありませんが、学校でデザインの知識や、基礎的な力を身につけておくといいでしょう。Photoshop、Illustratorといった、デザインをするためのソフトの技術を、就職する際に求められることもあります。

```
高校
  ↓
美術系の大学・専門学校
  ↓
広告代理店や広告制作会社、デザイン事務所
  ↓
グラフィックデザイナーとして独立
```

Q 中学生のとき、どんな子どもでしたか？

音楽や美術などに興味をもつようになったのが、ちょうど中学生のころでした。

絵を描くことが好きで、美術の時間は絵の具の色をにじませたらどうなるかなど、実験のようなことばかりしていました。それを先生や友だちがおもしろいと言ってくれたときはうれしかったですね。高校へ進学するときは、美術の先生に相談をしてデザイン科がある学校に入りました。

あと、音楽にも強い影響を受けました。YouTubeで国内外のミュージシャンの曲を聴いて、いろいろな音楽と出会いました。世界にはこんなにかっこいい音楽があるのかと衝撃を受けましたね。

気になったものはCDを買って聴いていました。そのなかでも、ドイツのロックや実験的な音楽のCDジャケットにはおもしろいデザインのものが多く、部屋にかざっていました。

ふりかえってみると、中学生のころからすでに、今の仕事につながることに興味があったのかもしれません。CDジャケットもグラフィックデザインのひとつですから。

加納さんが中学生のころによく聴いていたCD。「見たこともないようなデザインのCDを探していました」。

加納さんの夢ルート

- **小学校 ▶ ものづくりに関わる仕事**

  工作が好きだった。お菓子の箱や牛乳パックを使って、よく弟たちにおもちゃをつくってあげていた。

  ▼

- **中学校・高校 ▶ 絵を描く仕事**

  中学校の美術の授業で、先生や友だちに絵をほめられて自信がついた。CDジャケットのデザインに興味があったことと、先生からすすめてもらったこともあり、デザイン科のある高校に進学。

  ▼

- **大学 ▶ グラフィックデザイナー**

  芸術大学へ進学。本や音楽、美術への関心が深まった。そして、自分が好きなものすべてに関わるのがデザインだと気づいた。

Q 中学のときの職場体験は、どこにいきましたか？

小学生のころから弟のめんどうを見ていて、子どもと遊ぶのが好きだったので、幼稚園を選びました。母も保育士だったので、身近な職業だったんです。男子はぼくひとりで、まわりは女子だけだったので、少し孤独でした。

幼稚園では、絵本の読み聞かせや工作の時間以外は、基本的に子どもたちが自由に遊んでいました。ぼくは、年中の子どもたちを見守る係だったのですが、子どもたちといっしょになって遊ぶのは楽しかったですね。

幼いころから、よく遊んでいた弟（左）と。「牛乳パックやお菓子の箱で、よくおもちゃをつくっていました」。

事務所には、芸術家や写真家の作品集がたくさんある。「デザインの参考にするために、よく観ています」。

Q この仕事をめざすなら、今、何をすればいいですか?

興味のあるものには、ためらわずに手をのばしてほしいです。本でも映画でも、何でもよいと思います。好きなものは、どんどんほりさげてほしいですね。

それから、ぼくは中学生当時できなかったんですけど、自分が興味をもったことはまわりの人に伝えて、意見を聞いてほしいです。自分がきれい、かっこいいと思うものでも、まわりの人にとっては、ちがう印象かもしれません。

さまざまな視点に出会って、いろいろな角度から物事をとらえる目をきたえてほしいと思います。それは、何かを生みだすときにとても大切な力になるはずです。

Q 職場体験では、どんな印象をもちましたか?

中学生とはいえ、子どもたちから見れば先生なので、自分のふるまいや言葉に責任を感じたことを覚えています。

先生は、子どもたちがけんかを始めれば止めなくてはいけないし、時間が過ぎても遊んでいる子には注意しないといけないですよね。そういうときの言葉のかけ方は、とてもむずかしかったです。自分には、たった数日間のことでしたが、ずっと先生として働くのは大変だと感じました。

職場体験は、自分がいずれ社会人になって働くことや、選ぶ職業について、意識するきっかけになりましたね。

デザインは芸術と世の中をつなげることができるんです

中学生の今できること

ふだんの暮らし

商品のパッケージやロゴマークなど、身のまわりにはグラフィックデザインがあふれています。気になるものがあれば、インターネットやデザイン雑誌などでどのデザイナーがデザインしたのか調べてみるとよいでしょう。デザインについて、もっと知りたくなるはずです。

また、グラフィックデザイナーには、いっしょに仕事をする相手の意図をくみとる力が必要です。クラスや友だちとの話し合いでは、まわりの意見を聞いて、理解することを意識してみましょう。

国語 本は、原稿の内容を理解した上でデザインすることが必要です。読解力を身につけましょう。

数学 グラフィックデザイナーには、論理的な思考が求められます。数学を通して思考力をきたえましょう。

美術 水彩画や油絵、彫刻などの手法を学んで、表現のはばを広げましょう。将来、美術系の大学や専門学校に進学する際は、受験でもデッサンの実技が行われることがあります。美術の授業の内容はその基礎となります。

英語 英語をある程度理解できないと、アルファベットを使ったデザインはできません。単語力を身につけましょう。

仕事のつながりがわかる
メディアの仕事 関連マップ

アニメーションCM制作の場合

ここまで紹介したメディアの仕事が、
それぞれどう関連しているのかを「アニメーションCM制作の場合」と
「この本の場合」のふたつの例に分けて見てみましょう。

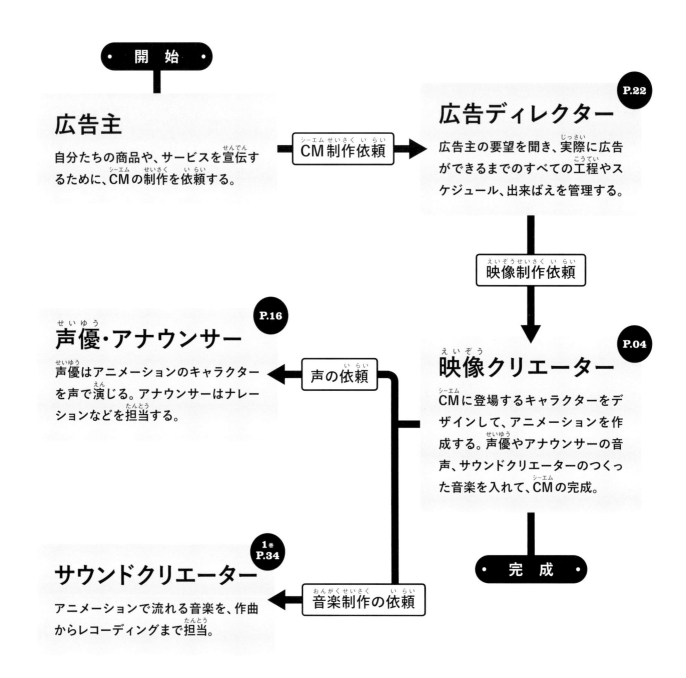

※このページの内容は一例です。会社によって、仕事の分担や、役職名は大きく異なります。

この本の場合

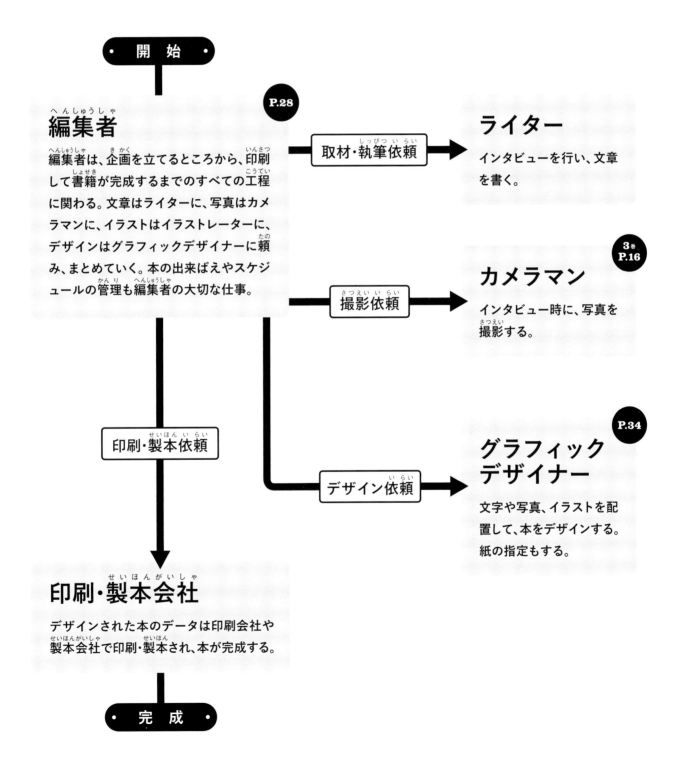

これからのキャリア教育に必要な視点 2

インターネット時代の表現力

▶ 時代を象徴するYouTubeクリエーター

　日本を代表するYouTubeクリエーターのヒカキンさんは、4つのチャンネルを運営し、動画の総アクセス数は47億回を突破したそうです。今の中学生ならYouTubeクリエーターの存在を知らない人はいませんが、10年前には動画の投稿が仕事になるとは、だれも思ってもみませんでした。

　しかし、IT技術の発展によって、だれでも世界に向けて情報を発信できる時代になりました。そんな時代に求められるのは表現力です。表現力は、メディアの仕事に就く人や、タレントだけではなく、今を生きるすべての人にとって重要な力です。だからこそ、キャリア教育でも表現力の育成をより重視すべきだと思います。

　とくに大事なのは、自分の思いをどう伝えるのか、つまり、「伝え方」ではないでしょうか。同じ現象や物を見ても、伝え方は人によってまったくちがい、そこに個性が出ます。伝え方を身につけるためには、学校生活の中で、生徒たちが自由に表現できる場や機会をもっと増やすべきなのではないかと、わたしは思っています。

▶ 1枚の写真ですべてを伝える

　わたしは校長時代、学校生活のようすを保護者に知らせるため、WEBサイトで毎日情報を発信していました。右上のトイレのスリッパの写真2枚のうち、左がわは、わたしが撮影したものです。「ABCDの原則」といって、「〈A〉当たり前のことを、〈B〉バカにしないで、〈C〉ちゃんと〈D〉できる人」というキャッチフレーズがあったので、その原則がきちんと守られているようすを撮影したのです。

　その学校では、「情報発信部」という部活をつくりました。顧問の先生をつけ、生徒たちにデジカメをわたし、ブログを自由に書かせることにしました。すると、ある男子生徒が撮影した写真がブログにアップされたのです。それが右の写真です。これを見たとき、思わず声が出ました。正直「参

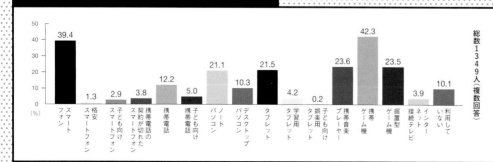

中学生のインターネット接続機器の利用率

機器	%
スマートフォン	39.4
格安スマートフォン	1.3
子ども向けスマートフォン	2.9
携帯電話の契約が切れたスマートフォン	3.8
携帯電話	12.2
子ども向け携帯電話	5.0
ノートパソコン	21.1
デスクトップパソコン	10.3
タブレット	21.5
学習用タブレット	4.2
娯楽用タブレット	0.2
携帯音楽プレーヤー	23.6
携帯ゲーム機	42.3
据置型ゲーム機	23.5
インターネット接続テレビ	3.9
利用していない	10.1

総数1349人（複数回答）

スマートフォンでのインターネット利用率は約4割。中学生もスマートフォンがインターネット利用の中心になっている。平均利用時間は約85分で、2時間を超える割合は27.2%。

※平成27年度 青少年のインターネット利用環境実態調査

左の写真が玉置先生による「トイレのスリッパの置き方」の注意喚起の写真。右が、情報発信部の生徒が撮り、ブログにアップした写真。メッセージは同じでも、表現方法はまったくちがう。

った」と思いました。わたしと同じことを伝えようとしているのに、たった写真1枚で、スリッパをきれいにならべることの大切さ、気持ちのよさを伝えてしまったのです。

このことからわたしが学んだのは、生徒の可能性をあなどってはいけないということです。表現する機会や環境があれば、このようなすばらしい才能を開花させる生徒が出てくるのです。

学校の中には表現をするチャンスはたくさんあります。例えば、授業中、グループごとに意見をまとめて発表するとき、集会で部や委員会の代表として発言するとき、廊下などに貼る掲示物を作成するときなどです。どうやったら相手にメッセージがうまく伝わるのかという視点をつねにもち、表現方法を工夫することが大切です。

▶ 正しく発信する力が未来を守る

ただし、WEB上で情報を発信する場合は、さまざまなリスクがあることを知る必要があります。

だれもがさまざまなメディアを使って発信できる時代になった現在、知らないうちに自分の発した言葉や情報は、WEBサイトに集積されています。そうした情報は「ビッグデータ」といって、企業が商品開発や広告宣伝に利用していることが数多くあるということを、知っておきましょう。

中学生の場合、まだ十分な判断力が育っていません。この情報はだれが発信しているのだろうか、この情報を信じてよいのだろうか、この情報をだれかにこのまま伝えてもよいのだろうか、といった「メディア・リテラシー」の基礎をきちんと学ぶべきです。

そして、もしもだれかの心を傷つけたり、差別したりするような動画をアップしたら、世界中から抗議が殺到するかもしれません。そして、その記録は、永遠にWEB上に残りつづけることになるのです。これからのキャリア教育で、表現力について教えるときには、その可能性と、恐ろしさを同時に伝えていくことが必要ではないでしょうか。

PROFILE

玉置 崇

岐阜聖徳学園大学教育学部教授。愛知県小牧市の小学校を皮切りに、愛知教育大学附属名古屋中学校や小牧市立小牧中学校管理職、愛知県教育委員会海部教育事務所所長、小牧中学校校長などを経て、2015年4月から現職。数学の授業名人として知られるいっぽう、ICT活用の分野でも手腕を発揮し、小牧市の情報環境を整備するとともに、教育システムの開発にも関わる。

構成　林孝美

さくいん

あ

アナウンサー ……………… 16, 17, 18, 19, 20, 21, 40

アニメーション（アニメ）……………… 4, 5, 6, 19, 40

アニメ制作 ……………………………………… 6, 7

イラストレーター ………… 6, 8, 9, 29, 30, 31, 33, 41

Illustrator（ソフトウエア）………………… 35, 37

印刷 ……………………………………… 29, 35, 41

InDesign ……………………………………… 29, 35

WEBサイト（サイト）………………… 7, 23, 27, 42, 43

映像クリエーター ………………… 4, 5, 6, 7, 8, 9, 40

映像制作会社 …………………………………… 7

映像（動画）… 4, 5, 6, 7, 9, 10, 11, 12, 13, 15, 19, 42, 43

絵コンテ ………………………………………… 5

SNS ………………………………………… 24, 25

音楽専門学校 …………………………………… 14

か

カメラ（デジカメ）………… 11, 13, 19, 23, 29, 41, 42

キャラクター（キャラ）………………… 5, 6, 14, 40

グラフィックデザイナー（デザイナー）… 8, 9, 23, 24, 29, 31, 33, 34, 35, 36, 37, 38, 39, 41

CLIP STUDIO ……………………………………… 5

芸術大学 ……………………………………… 36, 38

結婚情報誌 …………………………………… 22, 23

語彙力 ……………………………………… 15, 21, 27

広告 ………… 11, 15, 22, 23, 24, 25, 26, 27, 40

広告系専門学校 ………………………………… 25

広告代理店 ……………………………… 6, 25, 37

広告ディレクター ……… 22, 23, 25, 26, 27, 40

コミュニケーション……………………… 35, 37

さ

作画監督 ………………………………………… 5

作家 ……………………………… 7, 29, 30, 32, 33

た

雑誌広告 ………………………………………… 23

CM ………………………… 4, 5, 6, 11, 23, 40

就職活動 ……………………………… 6, 8, 18, 26

出版社 …………………………………………… 31

職場体験 ……… 15, 21, 27, 32, 33, 38, 39

セミナー ………………………………… 18, 19, 20

た

デザイン ……… 5, 23, 24, 29, 30, 31, 34, 35, 36, 37, 38, 39, 40, 41

デザイン科 …………………………………… 38

テレビ …………5, 6, 9, 12, 13, 14, 17, 19, 21, 23, 27

電子辞書 ………………………………… 18, 30

な

ニュース ………………… 11, 16, 17, 18, 20, 21, 27

バナー広告 …………………………………… 23

バラエティ番組 ……………………… 16, 17, 19

は

美術系大学・専門学校 ………………… 6, 7, 8, 37, 39

ヒューマンビートボクサー ………… 10, 11, 12, 14

Final Cut Pro ………………………………… 11

Photoshop………………………………… 35, 37

編集者…………… 20, 28, 29, 30, 31, 32, 33, 37, 41

編集プロダクション ………………………… 31

ペンタブレット ……………………………… 6, 8

報道番組 ……………………… 16, 17, 19, 21

ま

メディア・リテラシー ……………………… 43

や

YouTube ………… 10, 11, 12, 13, 14, 19, 38

YouTubeクリエーター ……… 10, 11, 12, 13, 14, 15, 42

ら

ラジオ番組 …………………………………… 19

【取材協力】

株式会社スタジオコロリド　http://colorido.co.jp/
株式会社吉田正樹事務所　http://www.yoshidamasaki.com/
株式会社リクルートコミュニケーションズ　https://www.rco.recruit.co.jp/
株式会社SOUP DESIGN　http://www.soupdesign.co.jp/
BATICA　http://www.batica.jp/
—

荒川区立第三中学校
新宿区立四谷中学校
中村中学校

【解説】

玉置崇（岐阜聖徳学園大学教育学部教授）　p42-43

【装丁・本文デザイン】

アートディレクション／尾原史和・大鹿純平
デザイン／SOUP DESIGN

【撮影】

平井伸造　p10-27、p34-39
土屋貴章（オフィス303）　p4-9、p28-33

【執筆】

宮里夢子　p28-39
林孝美　p42-43

【企画・編集】

西塔香絵・渡部のり子（小峰書店）
常松心平・安福容子・中根会美（オフィス303）

【協力】

加藤雪音
岡村虹
加藤梨子
若松志歩
柴田さな
相本乃杏

キャリア教育に活きる！
仕事ファイル 2
メディアの仕事

2017年 4 月 5 日　第 1 刷発行
2019年12月20日　第 4 刷発行

編　著　小峰書店編集部
発行者　小峰広一郎
発行所　株式会社小峰書店
　　　　〒162-0066東京都新宿区市谷台町4-15
　　　　TEL 03-3357-3521　FAX 03-3357-1027
　　　　https://www.komineshoten.co.jp/
印　刷　株式会社精興社
製　本　小髙製本工業株式会社

©Komineshoten
2017 Printed in Japan
NDC 366　44p　29×23cm
ISBN978-4-338-30902-8

乱丁・落丁本はお取り替えいたします。
本書のコピー、スキャン、デジタル化等の無断複製は著作権
法上での例外を除き禁じられています。本書を代行業者等の
第三者に依頼してスキャンやデジタル化することは、たとえ
個人や家庭内での利用であっても一切認められておりません。

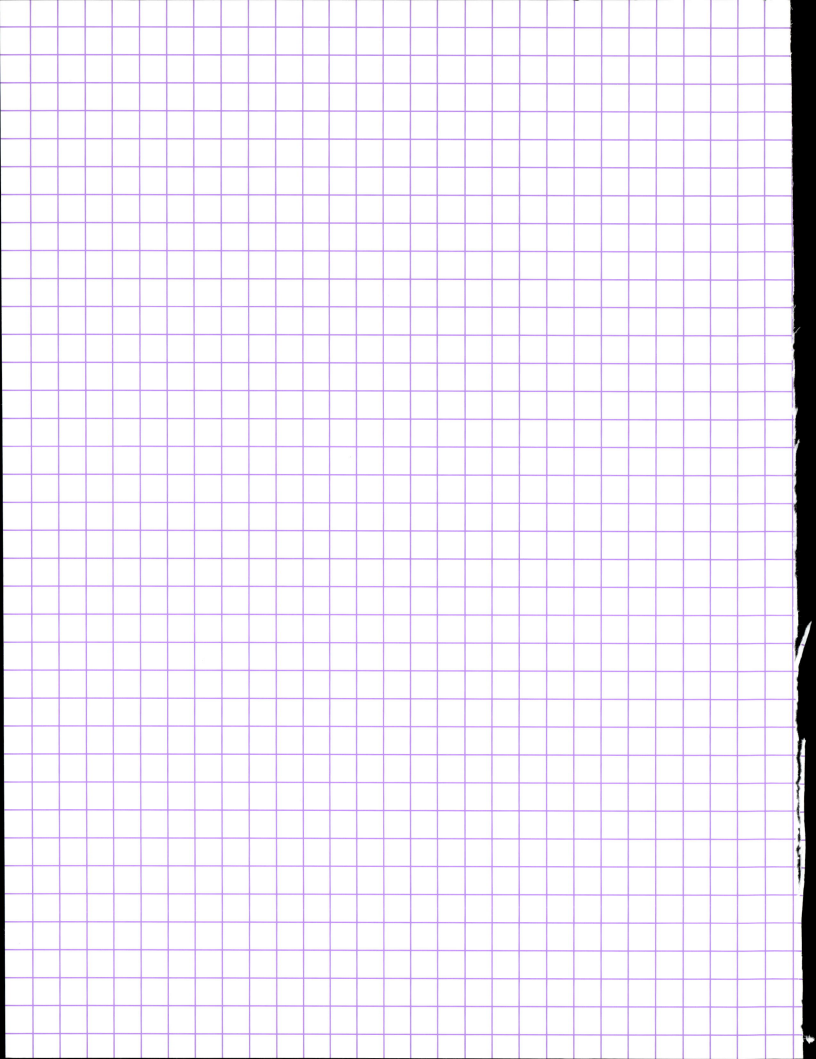